하나님
아빠 아버지!

하나님 아빠 아버지!

변승우 지음

도서출판 **거룩한진주**

하늘에 계신 우리 아버지여
이름이 거룩히 여김을 받으시오며

마태복음 6:9

너희는 다시 무서워하는 종의 영을 받지 아니하고
양자의 영을 받았으므로
우리가 아빠 아버지라고 부르짖느니라.

로마서 8:15

찬송하리로다!
그는 우리 주 예수 그리스도의 하나님이시요
자비의 아버지시요 모든 위로의 하나님이시며

고린도후서 1:3

1. 하나님은 리얼 우리의 아버지다. 11

2. 아버지는 자녀를 끔찍이 사랑한다. 23

3. 아버지는 자녀들에게
   아낌없이 주고 싶어 한다. 35

4. 아버지의 사랑을 받은 자녀도
   아버지를 사랑한다. 45

5. 자녀가 아버지를 닮듯이
   우리도 하나님 아버지를 닮아가야 한다. 61

마태복음 6:9 "하늘에 계신 우리 아버지여 이름이 거룩히 여김을 받으시오며"

로마서 8:15 "너희는 다시 무서워하는 종의 영을 받지 아니하고 양자의 영을 받았으므로 우리가 아빠 아버지라고 부르짖느니라."

고린도후서 1:3 "찬송하리로다! 그는 우리 주 예수 그리스도의 하나님이시요 자비의 아버지시요 모든 위로의 하나님이시며"

   하나님은 천지만물을 지으신 창조주이십니다. 그래서 유일신이십니다. 그리고 절대주권자이십니다. 또, 하나님은 지극히 거룩하십니다. 인간이 가까이 다가갈 수 없는 분입니다. 또한, 이것이 가장 중요한데 놀랍게도 하나님은 사랑이십니다. 바로 이것 때문에 지극히 높고 거룩하신 하나님이 우리 아버지가 되셨습니다.

그러나 불행하게도, 아버지들이 다 좋은 것이 아닙니다. 그래서 하나님 아버지에 대한 인식이 왜곡될 수 있습니다. 이로 인해 하나님이 우리 아버지라는 것이 얼마나 엄청나고 놀라운 축복인지 제대로 알고 누리지 못하는 사람들이 많습니다.

저는 하나님 아버지에 대한 우리의 인식이 바뀌어야 한다고 생각합니다. 무서워하는 종이 아니라 사랑을 듬뿍 받는 자녀처럼 아빠 혹은 아버지 하고 하나님께 달려나갈 수 있어야 한다고 생각합니다.

로마서 8:15 "**너희는 다시 무서워하는 종의 영**을 받지 아니하고 양자의 영을 받았으므로 우리가 **아빠 아버지라고 부르짖느니라.**"

혹 여러분이 자녀라면 자신을 사랑하는 아버지를 떠올려보십시오! 또, 혹 여러분이 아버지라면 자녀들에 대한 자기의 사랑과 마음을 떠올려보십시오. 그러면 하나님이 우리에게 어떤 분이신지 즉각 알 수가 있습니다. 저는 이런 간단한 방법이 능히 하나님께 대한 인식의 전환을 가져올 수 있다고 생각합니다. 그래서 이에 대해 더 자세히 설명해드리고자 합니다.

1

하나님은 리얼 우리의 아버지다.

하나님은 세 가지 측면에서 우리 아버지이십니다.

(1) 하나님은 창조주로서 모든 피조물의 아버지이시다.

창세기 1:1 **"태초에 하나님이 천지를 창조하시니라."**

히브리서 3:4 **"집마다 지은 이가 있으니 만물을 지으신 이는 하나님이시라."**

아버지가 왜 아버지입니까? 우리의 근원이기 때문입니다. 우리는 아버지가 없으면 존재할 수 없습니다. 마찬가지로 창조주 하나님이 안 계시면 그 어떤 것도 존재할 수가 없습니다. 그래서 바울은 이렇게 말했습니다.

에베소서 4:6 "하나님도 한 분이시니 곧 **만유의 아버지시라**. 만유 위에 계시고 만유를 통일하시고 만유 가운데 계시도다."

옳습니다. 하나님은 우리 아버지이실 뿐 아니라 만유의 아버지이십니다. 그래서 성경에 다음과 같은 말씀들이 있는 것입니다.

욥기 38:41 "까마귀 새끼가 하나님을 향하여 부르짖으며 먹을 것이 없어서 허우적거릴 때에 그것을 위하여 먹이를 마련하는 이가 누구냐?"

시편 104:21 "젊은 사자들은 그들의 먹이를 쫓아 부르짖으며 그들의 먹이를 하나님께 구하다가 …"

시편 104:24-28 "여호와여 주께서 하신 일이 어찌 그리 많은지요. 주께서 지혜로 그들을 다 지으셨으니 주께서 지으신 것들이 땅에 가득하니이다. 거기에는 크고 넓은 바다가 있고 그 속에는 생물 곧 크고 작은 동물들이 무수하니이다. 그곳에는 배들이 다니며 주께서 지으신 리워야단이 그 속에서 노나이다. 이것들은 다 주께서 때를 따라 먹을 것을 주시기를 바라나이다. 주께서 주신즉 그들이 받으며 주께서 손을 펴신즉 그들이 좋은 것으로 만족하다가 …"

시편 145:15-16 "모든 사람의 눈이 주를 앙망하오니 주는 때를 따라 그들에게 먹을 것을 주시며 손을 펴사 모든 생물의 소원을 만족하게 하시나이다."

시편 147:8-9 "그가 구름으로 하늘을 덮으시며 땅을 위하여 비를 준비하시며 산에 풀이 자라게 하시며 들짐승과 우는 까마귀 새끼에게 먹을 것을 주시는도다."

마태복음 6:26, 28-30 "공중의 새를 보라. 심지도 않고 거두지도 않고 창고에 모아들이지도 아니하되 너희 하늘 아버지께서 기르시나니 너희는 이것들보다 귀하지 아니하냐?…들의 백합화가 어떻게 자라는가 생각하여 보라. 수고도 아니하고 길쌈도 아니하느니라. 그러나 내가 너희에게 말하노니 솔로몬의 모든 영광으로도 입은 것이 이 꽃 하나만 같지 못하였느니라. 오늘 있다가 내일 아궁이에 던져지는 들풀도 하나님이 이렇게 입히시거든 …"

(2) 하나님은 특별히 모든 인간의 아버지이시다.

바울은 하나님이 창조주라는 사실을 먼저 말한 후, 그 사실에 근거하여 만유가 아니라 모든 사람이 신의 소생이라고 말했습니다.

사도행전 17:24-29 "우주와 그 가운데 있는 만물을 지으신 하나님께서는 천지의 주재시니 손으로 지은 전에 계시지 아니하시고 또 무엇이 부족한 것처럼 사람의 손으로 섬김을 받으시는 것이 아니니 이는 만민에게 생명과 호흡과 만물을 친히 주시는 이심이라. **인류의 모든 족속을 한 혈통으로 만드사** 온 땅에 살게 하시고 그들의 연대를 정하시며 거주의 경계를 한정하셨으니 이는 사람으로 혹 하나님을 더듬어 찾아 발견하게 하려 하심이로되 그는 우리 각 사람에게서 멀리 계시지 아니하도다. 우리가 그를 힘입어 살며 기동하며 존재하느니라. 너희 시인 중 어떤 사람들의 말과 같이 **우리가 그의 소생이라** 하니 이와 같이 **하나님의 소생**이 되었은즉 하나님을 금이나 은이나 돌에다 사람의 기술과 고안으로 새긴 것들과 같이 여길 것이 아니니라."

"소생"은 헬라어로 "게노스"로 "자손, 후손"이라는 뜻입니다. 그러므로 하나님이 모든 사람의 아버지라는 뜻입니다.

부모는 자신을 닮은 자식을 낳습니다. 마치 그와 같이 하나님은 사람을 하나님의 형상과 모양대로 만드셨습니다.

창세기 1:26-28 "하나님이 이르시되 **우리의 형상을 따라 우리의 모양대로 우리가 사람을 만들고 그들로 바다의 물고기와 하늘의 새와 가축과 온 땅과 땅에 기는 모든 것을 다스리게 하자** 하시고 하나님이 자기 형상 곧 하나님의 형상대로 사람을 창조하시되 남자와 여자를 창조하시고 하나님이 그들에게 복을 주시며 하나님이 그들에게 이르시되 **생육하고 번성하여 땅에 충만하**

라, 땅을 정복하라, 바다의 물고기와 하늘의 새와 땅에 움직이는 모든 생물을 다스리라 하시니라."

그것을 시편 8편에서 다윗은 사람을 하나님보다 조금 못하게 지으셨다고 했습니다. 사람을 얼마나 특별하게 만들었는지 충분히 알 수가 있지요! 이것이 우리가 짐승과 전혀 다른 삶을 살고 있는 이유입니다. 그러므로 하나님은 다른 어떤 피조물보다 사람에게 더욱 아버지이십니다.

(3) 하나님은 무엇보다도 믿는 자들의 아버지이시다.

요한복음 1:12-13 "**영접하는 자 곧 그 이름을 믿는 자들에게는 하나님의 자녀가 되는 권세를 주셨으니** 이는 혈통으로나 육정으로나 사람의 뜻으로 나지 아니하고 오직 하나님께로부터 난 자들이니라."

믿는 자는 하나님의 자녀입니다. 그러나 독생자 예수님 같은 친자가 아닙니다. 하나님이 입양하신 양자들입니다.

로마서 8:15 "너희는 다시 무서워하는 종의 영을 받지 아니하고 **양자의 영을 받았으므로** 우리가 아빠 아버지라고 부르짖느니라."

갈라디아서 4:4-6 "때가 차매 하나님이 그 아들을 보내사 여자에게서 나게 하시고 율법 아래에 나게 하신 것은 율법 아래에 있는 자들을 속량하시고 우리로 **아들의 명분**을 얻게 하려 하심이라. 너희가 아들이므로 하나님이 그 아들의 영을 우리 마음 가운데 보내사 아빠 아버지라 부르게 하셨느니라."

고아가 입양된다는 것은 운명이 바뀌는 것을 뜻합니다. 크나큰 은혜입니다. 너무도 감사한 일이지요! 그런데 하나님의 양자가 된다는 것은 더 놀라운 것입니다. 영원한 지옥불의 형벌을 면하고 영원한 천국을 상속받는 자가 되는 것을 뜻하기 때문입니다.

그런데 하나님이 친아버지가 아니므로 우리는 친자식과 다르다고 생각하기 쉽습니다. 그러나 양자의 초점은 우리가 아들이 되었다는 데 있지 친자가 아니라는 데 있는 것이 아닙니다.

또, 성경을 자세히 읽어보면 우리는 단순히 입양된 것이 아닙니다. 하나님께서 우리를 낳으셨습니다. 사람은 어머니가 낳습니다. 그러나 영의 어머니는 없습니다. 아버지뿐입니다. 그래서 아버지가 우리를 낳습니다. 그런데 하나님은 육의 아버지가 아니라 영의 아버지입니다.

히브리서 12:9 "또 우리 **육신의 아버지**가 우리를 징계하여도 공경하였거든 하물며 모든 **영의 아버지**께 더욱 복종하며 살려 하지 않겠느냐?"

그래서 우리를 몸으로 낳지 않고 영으로 낳으십니다. 즉 하나님의 영이신 성령으로 낳으십니다.

요한복음 3:5, 8 "예수께서 대답하시되 진실로 진실로 네게 이르노니 사람이 물과 **성령으로 나지 아니하면** 하나님의 나라에 들어갈 수 없느니라. … 바람이 임의로 불매 네가 그 소리는 들어도 어디서 와서 어디로 가는지 알지 못하나니 **성령으로 난 사람도** 다 그러하니라."

그런데 하나님은 삼위일체입니다. 그러니 하나님이 우리를 낳으신 것입니다. 그러므로 하나님은 단순히 우리의 양부가 아니라 리얼 우리의 아버지이십니다.

또, 하나님은 성령을 통해 우리를 낳으실 뿐 아니라 진리의 말씀으로 낳으셨다는 것이 매우 중요합니다.

야고보서 1:17-18 "온갖 좋은 은사와 온전한 선물이 다 위로부터 **빛들의 아버지**께로부터 내려오나니 그는 변함도 없으시고 회전하는 그림자도 없으시니라. 그가 그 피조물 중에 우리로 한 첫 열매가 되게 하시려고 자기의 뜻을 따라 **진리의 말씀으로 우리를 낳으셨느니라.**"

하나님은 진리의 말씀으로 우리를 낳으셨습니다. 베드로는 다른 곳에서 이렇게 썼습니다.

베드로전서 1:23 "너희가 거듭난 것은 썩어질 씨로 된 것이 아니요 썩지 아니할 씨로 된 것이니 살아 있고 **항상 있는 하나님의 말씀으로 되었느니라.**"

이 때문에 우리는 "어머니는 열 달 동안 배가 불러 고생하시고 생사를 넘나드는 산고를 겪으시면서 우리를 낳으셨다. 그러나 하나님은 다르지 않는가?"라고 반문할 수 있습니다. 이것은 무지한 말입니다. 왜냐하면 우리를 낳기 위해 어머니보다 하나님이 훨씬 더 큰 고통을 당하셨기 때문입니다.

하나님은 진리의 말씀 즉 복음으로 우리를 낳으셨습니다. 그런데 복음이 그냥 만들어집니까? 아닙니다. 자신이 죽는 것보다 더 고통스러운 독생자의 잔인한 죽음을 통해서 만들어집니다. 그러므로 하나님은 상상도 못할 고통을 통해 우리를 낳으신 것입니다. 여러분, 어느 것이 더 큰 사랑입니까? 어느 것이 더 큰 희생입니까? 산고를 겪은 어머니입니까? 아니면 독생자가 십자가에 달려 죽어가는 것을 지켜본 하나님입니까? 당연히 하나님이지요!

그런데 원수를 위해 독생자를 제물로 내어주신 하나님의 초월적이고 이해불가의 사랑 때문에 우리는 "어떻게 그렇게 할 수가 있나? 우리는 너무 감사하지만, 아들이신 예수님께는 너무 잔인하고 가혹한 것이 아닌가?"라는 의문이 생길 수도 있습니다. 저는 그런 생각이 가끔씩 들었습니다. 그런데 어느 날 성령님께서 그 의문에 답해주셨습니다.

"인간의 경우에는 네 생각이 옳다. 그러나 하나님은 그렇지 않다! 하나님은 삼위일체이시다. 셋이 아니라 하나다. 때문에 이사야는 예수님께 대해 영존하시는 아버지라고 예언했고, 예수님도 나를 본 자는 아버지를 보았다고 하셨다.

성부와 성자는 인간 부자지간과 다르다. 아버지와 아들이 온전히 하나이기 때문에, 아들의 희생이 아버지의 희생이고 아들의 고통이 아버지의 고통이다. 그래서 바울이 다음과 같이 말한 것이다.

사도행전 20:28 '여러분은 자기를 위하여 또는 온 양 떼를 위하여 삼가라. 성령이 그들 가운데 여러분을 감독자로 삼고 **하나님이 자기 피로 사신 교회를 보살피게 하셨느니라.**'"

여러분, 이제 의문이 풀리시지요!

정리하면, 하나님이 우리를 양자로 삼은 것은 맞지만, 단지 법적으로만 양자로 삼은 것이 아닙니다. 하나님께서 우리를 낳으셨습니다. 복음과 성령으로 낳으셨습니다. 그러므로 하나님은 단지 양아버지가 아닙니다. 예수님의 경우와 같은 친아버지는 아니지만(요 5:18) 하나님은 진짜 우리 아버지이십니다. 한마디로, 하나님은 육신의 아버지보다 더 우리 아버지이십니다.

2

아버지는 자녀를
끔찍이 사랑한다.

저는 앞에서 하나님이 단지 양아버지가 아니라 친아버지 같은 참 아버지라는 것을 설명했습니다. 그 이유는 하나님이 우리를 법적으로 양자로 삼아주셨지만 친아버지가 아니시므로 진짜 아버지가 아들을 사랑하는 것같이 우리를 사랑하진 않을 것이라는 생각을 깨트리기 위해서였습니다.

　사람도 어떤 사람들은 입양한 자식을 자기가 낳은 친자녀처럼 사랑합니다. 그런데 사랑이신 하나님이겠습니까? 하나님이 우리를 양자 삼아 천국에 대한 권리만 주고 친자를 사랑하는 것같이 사랑하지 않겠습니까? 그럴 리가 없지요. 그러므로 우리가 양자이기 때문에 하나님이 친자를 사랑하듯 우리를 사랑하지는 않을 것이라는 생각을 버리시기 바랍니다.

　아버지가 왜 아버지일까요? 단지 우리를 낳아주셨기 때문이 아닙니다. 부성애 때문입니다. 동물들도 자기 새끼를 사랑합니다. 악인들도 자기 자녀를 사랑합니다. 부모는 자녀를 사랑할 수

밖에 없습니다. 그렇다면 사랑이신 하나님 아버지는 얼마나 더 자녀들을 사랑하시겠습니까?

물론 아주 드물지만 너무 이기적이어서 자녀를 사랑하지 않고 자기밖에 모르는 아버지들도 있습니다. 그러나 하나님은 그런 분이 아닙니다. 그래서 성경에 다음과 같은 말씀들이 있는 것입니다.

> 시편 27:10 "내 부모는 나를 버렸으나 여호와는 나를 영접하시리이다."

> 이사야 49:15 "여인이 어찌 그 젖 먹는 자식을 잊겠으며 자기 태에서 난 아들을 긍휼히 여기지 않겠느냐? 그들은 혹시 잊을지라도 나는 너를 잊지 아니할 것이라."

하나님은 세상 아버지와 다릅니다. 왜냐하면 남녀가 만나고 서로 사랑해서 아버지가 된 세상 아버지들과 달리, 하나님은 처음부터 우리를 너무 사랑하셔서 아버지가 되신 분이기 때문입니다. 세상 아버지들의 관심은 아내였지만 하나님의 관심은 오로지 우리였습니다.

> 요한일서 3:1 "보라 아버지께서 어떠한 사랑을 우리에게 베푸사 하나님의 자녀라 일컬음을 받게 하셨는가!"

세상 아버지는 자녀가 태어난 후 자녀를 사랑합니다. 그러나 하나님은 자녀가 되기 전에 우리를 사랑하셨고 그 사랑이 우리를 하나님의 자녀가 되게 했습니다. 그 사랑이 어떤 사랑인지 궁금하시죠? 그것은 가장 크고 놀라운 사랑입니다.

요한복음 15:13 "사람이 친구를 위하여 자기 목숨을 버리면 이보다 더 큰 사랑이 없나니"

그런데 하나님은 '친구'가 아니라 원수를 위해 그것도 단지 '자기' 목숨이 아니라 독생자의 목숨을 내어주셨습니다.

요한복음 3:16 "하나님이 세상을 이처럼 사랑하사 독생자를 주셨으니 이는 그를 믿는 자마다 멸망하지 않고 영생을 얻게 하려 하심이라."

요한일서 4:9 "하나님의 사랑이 우리에게 이렇게 나타난 바 되었으니 하나님이 자기의 독생자를 세상에 보내심은 그로 말미암아 우리를 살리려 하심이라."

로마서 5:8 "우리가 아직 죄인 되었을 때에 그리스도께서 우리를 위하여 죽으심으로 하나님께서 우리에 대한 자기의 사랑을 확증하셨느니라."

그러니 가장 크고 놀라운 사랑이지요! 하나님은 이런 큰 사랑 때문에 우리 아버지가 되셨습니다. 그런데 하나님이 어찌 우리를 사랑하지 않을 수 있겠습니까?

또, 사람은 변하지만 하나님은 변하지 않으십니다.

말라기 3:6 "나 여호와는 변하지 아니하나니 그러므로 야곱의 자손들아 너희가 소멸되지 아니하느니라."

디모데후서 2:13 "우리는 미쁨이 없을지라도 주는 항상 미쁘시니 자기를 부인하실 수 없으시리라."

히브리서 13:8 "예수 그리스도는 어제나 오늘이나 영원토록 동일하시니라."

또한, 우리 주 예수님과 사도들을 통해 다음과 같이 말씀한 분이 하나님이십니다.

마태복음 24:12 "불법이 성하므로 많은 사람의 사랑이 식어지리라."

에베소서 6:24 "우리 주 예수 그리스도를 변함없이 사랑하는 모든 자에게 은혜가 있을지어다."

요한계시록 2:4 "그러나 너를 책망할 것이 있나니 **너의 처음 사랑을 버렸느니라.**"

그런데 어찌 하나님의 사랑이 식어지겠습니까? 어찌 하나님의 사랑이 변하겠습니까? 어찌 하나님이 그 사랑을 버리겠습니까? 그러므로 여러분에 대한 하나님의 변함없는 사랑을 굳게 믿으시기 바랍니다.

하나님은 저와 여러분을 사랑하십니다. 그것도 최고의 사랑으로 사랑하십니다. 그것이 다음 성구에 이렇게 나타나 있습니다.

데살로니가후서 2:16 "**우리 주 예수 그리스도와 우리를 사랑하시고** 영원한 위로와 좋은 소망을 은혜로 주신 **하나님 우리 아버지께서** …"

이것은 하나님이 우리를 너무 사랑하셔서 예수님과 함께 하나님의 상속자가 되게 하셨다는 뜻입니다.

또한, 요한복음에서 예수님은 이렇게 말씀하셨습니다.

요한복음 17:23 "곧 내가 그들 안에 있고 아버지께서 내 안에 계시어 그들로 온전함을 이루어 하나가 되게 하려 함은 **아버지께서 나를 보내신 것과 또 나를 사랑하심같이 그들도 사랑하신 것**을 세상으로 알게 하려 함이로소이다."

하나님이 예수님을 사랑하시는 것처럼 우리를 사랑하신다니! 정말 믿기 힘들 정도로 놀라운 말씀 아닙니까? 하나님은 그 정도로 저와 여러분을 사랑하십니다.

이쯤에서, 저는 여러분 중 아버지들에게 제안을 하나 하고 싶습니다. 아버지로서 자신이 자녀들을 얼마나 진심으로 사랑하는지 생각해보십시오. 자녀를 위해 얼마나 염려하는지 그리고 그들을 위해 얼마나 간절히 기도하는지 생각해보십시오. 그것이 바로 하나님 아버지께서 자녀인 우리에게 갖고 계신 사랑이고 마음입니다. 그리고 그보다 훨씬 더한 것이 우리를 향한 하나님의 사랑입니다. 저는 이것을 통해 하나님이 참으로 좋으신 하나님이라는 것을 믿을 수 있게 되었습니다. 맞습니다. 하나님은 좋으신 하나님입니다. 그것을 굳게 믿으시기 바랍니다.

1. 좋으신 하나님 좋으신 하나님 참 좋으신 나의 하나님
2. 우리의 기도를 응답해 주시는 참 좋으신 나의 하나님
3. 한없는 축복을 우리게 주시는 참 좋으신 나의 하나님

한편, 하나님의 사랑을 깨닫고 그것을 통해 좋으신 하나님이심을 깨닫는 것이 왜 중요한지 아십니까? 찬송가 294장 "하나님은 외아들을"의 가사에 그것이 잘 나타나 있습니다.

1. 하나님은 외아들을 주시는 데까지
　　세상 사람 사랑하니 참 사랑이로다

2. 하나님을 배반하고 멀리 떠난 우리
　　원수같이 대적하나 사랑하여 주네

3. 세상 죄를 사하시려 우리 죽을 대신
　　성자 예수 십자가에 고난 받으셨네

4. 이 사랑에 감사하여 곧 주께 나오라
　　곤한 영혼 주께 맡겨 구원을 얻으라

　　<후렴>
　　하나님은 사랑이라 죄악에 빠졌던
　　우리까지 사랑하니 참 사랑 아닌가!

　하나님의 사랑을 알아야 진실로 믿을 수 있습니다. 또, 죄를 지어도 하나님께로 돌아올 수가 있습니다. 아버지 다윗을 죽이고 왕이 되려 했던 압살롬이 죽었을 때 다윗이 어떻게 했습니까? 기뻐한 것이 아니라 도리어 슬피 탄식했습니다. 아버지였기 때문입니다.

　자녀가 아무리 큰 잘못을 하고 세상 사람들이 손가락질해도,

부모는 이미 자녀를 용서하고 돌아오길 기다립니다. 그리고 돌아오면 "그러고도 어떻게 뻔뻔하게 용서받기를 원해!"라고 하지 않고 뛸 듯이 기뻐하고 감사해서 어쩔 줄 모릅니다. 이것이 부모입니다. 이것이 부모의 마음입니다. 그리고 이것이 바로 하나님의 마음입니다.

하나님은 모세에게 친히 자신이 어떤 분인지 이렇게 계시하셨습니다.

> 출애굽기 34:5-7 "여호와께서 구름 가운데에 강림하사 그와 함께 거기 서서 여호와의 이름을 선포하실새 여호와께서 그의 앞으로 지나시며 선포하시되 **여호와라 여호와라 자비롭고 은혜롭고 노하기를 더디하고 인자와 진실이 많은 하나님이라. 인자를 천대까지 베풀며 악과 과실과 죄를 용서하리라.**"

또, 에스겔을 통해 우상숭배하고 타락한 이스라엘 백성들에게 이렇게 말씀하셨습니다.

> 에스겔 18:31-32 "이스라엘 족속아 너희가 어찌하여 죽고자 하느냐? 주 여호와의 말씀이니라. **죽을 자가 죽는 것도 내가 기뻐하지 아니하노니 너희는 스스로 돌이키고 살지니라.**"

또한, 예수님이 비유를 통해 하나님이 어떤 분인지 다음과 같이 가장 잘 보여주셨습니다.

> 누가복음 15:20-24 "이에 일어나서 아버지께로 돌아가니라. 아직도 거리가 먼데 아버지가 그를 보고 측은히 여겨 달려가 목을 안고 입을 맞추니 아들이 이르되 아버지 내가 하늘과 아버지께 죄를 지었사오니 지금부터는 아버지의 아들이라 일컬음을 감당하지 못하겠나이다 하나 **아버지는 종들에게 이르되 제일 좋은 옷을 내어다가 입히고 손에 가락지를 끼우고 발에 신을 신기라. 그리고 살진 송아지를 끌어다가 잡으라. 우리가 먹고 즐기자. 이 내 아들은 죽었다가 다시 살아났으며 내가 잃었다가 다시 얻었노라** 하니 그들이 즐거워하더라."

그러므로 오해하면 안 됩니다. 우리가 죄에 빠져도 하나님은 여전히 우리를 사랑하십니다. 하나님은 우리가 죄인이었을 때 우리를 사랑하신 분이기 때문입니다. 이것을 알면 주저하지 않고 즉각 회개하고 돌이킬 수 있습니다. 사도 바울은 하나님의 인자하심이 우리를 회개로 인도한다고 했습니다(롬 2:4). 그러므로 하나님이 우리를 사랑하시는 좋으신 하나님이라는 것을 깨달으십시오. 그래서 그 사랑을 믿고 새롭게 출발하는 여러분 되시기 바랍니다.

3

아버지는 자녀들에게 아낌없이 주고 싶어 한다.

아버지들은 자녀에게 필요한 것 그리고 좋은 것이라면 무엇이든 주고 싶어 합니다. 주고 또 주는 것이 아버지입니다. 아버지로서 자녀들에 대한 저의 마음이 그렇습니다. 자녀들에게 주는 것이 저의 기쁨입니다. 그것이 아버지의 마음입니다. 그래서 저는 기도할 때 제가 믿음으로 구하지 못하고 의심한 것을 회개하게 되었습니다.

　캐더린 쿨만의 책에 보면 아버지가 살아계실 때 나눈 마지막 대화가 기록되어 있습니다.

　"우리는 뒷마당에 있었는데 … 아빠는 빨랫줄 옆에 서서 그 줄을 잡고 있었습니다.

　아빠는 말했습니다. '얘야, 네가 아주 어렸을 때를 기억하니? 네 머리를 내 어깨에 디밀며 말했지. 아빠, 동전 한 개만 주세요 하고 말이다.'

'그럼요. 아빠는 언제나 주셨지요.'

나는 고개를 끄덕거렸지요.

'넌 동전 한 개만 달라고 했을 뿐이야. 그러나 얘야. 네가 내 지갑에 있는 돈을 모두 달라고 했어도 나는 기꺼이 주었을 거야.'" [1]

또한, 베니 힌은 자신의 책에서 이렇게 고백했습니다.

"하나님께서는 자녀들을 축복하기 원하신다. 나도 아버지로서 아이들에게 선물을 주거나 뭔가를 공급해주기를 좋아한다. 아이들에게 원하던 것을 주었을 때 반짝이는 눈으로 포장지를 뜯으며 기쁨으로 웃음 짓는 모습을 보는 것보다 더 즐거운 순간은 아마 없을 것이다. 정말 작은 하나의 인간에 불과한 나도 아이들에게 선물을 주면서 그와 같은 기쁨을 맛볼 수 있다면 하나님께서 우리에게 그분의 귀한 선물들을 내려주실 때는 얼마나 더 큰 기쁨을 느끼실까? 사랑 많으신 우리 하나님께서는 진정으로 자녀들을 축복하기 원하신다. 우리가 즐거워하는 모습을 바라보며 기뻐하시려는 단순한 이유 하나만으로도 그분은 우리를 축복해주실 것이다." [2]

공명이 되시지요! 하나님 아버지는 우리에게 그 어떤 아버지보다 더 주기를 원하십니다. 그분의 사랑이 인간 아버지들보다

---

[1] 로버츠 리어돈 『하나님께 수표를 청구하셨나요?』 안준호 옮김. 서울: 열린책들, 1993. p. 55.
[2] 베니 힌 『부자가 되는 것은 하나님의 뜻입니다』 최규선 옮김. 서울: 크레도, 2000. p. 37.

무한히 더 크시기 때문입니다.

로마서 8:32 "자기 아들을 아끼지 아니하시고 우리 모든 사람을 위하여 내주신 이가 어찌 그 아들과 함께 모든 것을 우리에게 주시지 아니하겠느냐?"

에베소서 1:3 "찬송하리로다! 하나님 곧 우리 주 예수 그리스도의 아버지께서 그리스도 안에서 하늘에 속한 모든 신령한 복을 우리에게 주시되"

야고보서 1:17 "온갖 좋은 은사와 온전한 선물이 다 위로부터 빛들의 아버지께로부터 내려오나니 그는 변함도 없으시고 회전하는 그림자도 없으시니라."

케네스 해긴 목사님의 『나를 살리신 하나님』이라는 책에 보면 다음과 같은 감동적인 간증이 있습니다.

"내가 네 기도에 응답하러 왔다!
주님께서 네 번째 환상으로 나에게 나타나신 것은 거의 5년 후인 1957년이었다. 나는 아내와 함께 캘리포니아에서의 집회로 15개월을 보낸 후 텍사스의 갈랜드(Garland)에 있는 집으로 돌아왔다. 그리고 갈랜드의 순복음교회에서 집회를 열었다. 내가 예수님의 초자연적인 방문을 받은 것은 이 집회의 셋째 주다.

어느 저녁 설교가 끝날 무렵 위로의 성령께서 참석한 회중 위에 임하셨고 우리 모두는 기도하고 강단 부근으로 모여들었다. 우리는 기도했다. 얼마 지나 나는 무릎을 펴고 강대상으로 가는 계단에 일어나 앉았다. 나는 눈을 뜬 채 성령께서 주시는 방언으로 찬양하면서 거기 앉아있었는데 갑자기 내 앞 3피트 떨어진 곳에 서 계시는 예수님을 보았다. 그분은 말씀하셨다.

'내가 너의 기도에 응답하러 왔다.'

나는 주님이 무엇을 말씀하시는지 정확하게 알 수 있었다. 갑상선 종기를 앓고 있는 아내를 위해 기도하고 있었기 때문이다. 아내의 갑상선 종기는 점점 커져 숨이 막히는 지경에 이르고 있었다.

나는 처음 결혼할 때부터 내 아내 오레타(Oretha)가 일찍 죽게 되리라는 사실을 나의 영으로 감지하고 있었으며, 아마도 그때가 다가오고 있다고 생각했다. 그래서 이 문제에 관해 밤을 새우며 기도를 했다.

'저는 주님께 복종하고 주님의 뜻을 향해왔습니다. 저의 교회와 가족도 버리고 복음사역에 오랜 세월 종사했습니다. 저의 아내는 집에서 아이들을 키우는 데 힘을 기울였습니다. 저는 아직도 젊으며(그 당시 나는 30대였다) 저희들은 여러 해 결혼생활을 해왔습니다. 저로 하여금 아내를 돌보게 허락하소서.'

환상에서 주님은 나에게 말씀하셨다.

'내가 네 기도에 응답하러 왔다. 너의 아내에게 수술을 받도록

말하여라. 그녀는 죽지 않고 살 것이다.'

나는 비록 아내에게는 말하지 않았지만, 그녀가 수술을 받는다 해도 죽게 되리라고 줄곧 느끼고 있었다. 그녀는 나중에 나에게 갑상선 종기 때문에 수술을 받게 될 경우 죽게 되리라는 것을 자신도 여러 해 전부터 알고 있었다고 말했다.

그러나 주님께서는 나에게 말씀하셨다.

'네 아내는 죽지 않고 살 것이다. 네 아내가 죽는 것이 하나님이 정하신 운명이지만 내가 너의 기도를 듣고 그 기도에 응답하러 왔다. 네 아내는 죽지 않고 살 것이다.'

그때 주님께서는 완전히 내 마음을 녹이는 말씀도 하셨는데 그 말을 지금까지 나는 결코 잊을 수가 없다. 이 말씀은 당시의 나를 축복해주었고 또한 도움을 주었으며, 지금까지도 나에게 큰 축복으로 남아 있다.

주님께서 말씀하셨다.

'아들아, 네가 나에게 구했기 때문에 내가 이를 행한다. 나의 자녀들이 내게 구하고 믿기만 한다면 내가 얼마나 그들을 위해 해주고 싶어 하는지 너는 모를 것이다. 그들은 많이 간구하고 부르짖지만 믿지 않고 그렇게 하고 있다. 내가 믿음 없이 하는 기도에 응답할 수는 없다! 나는 내 말을 어길 수 없기 때문이다. 그들이 내 말에 굳게 서서 내가 그들의 문제를 해결하도록 전적으로 나에게 맡기고 신뢰하기를 내가 얼마나 간절히 원하고 있는지 너희는 모를 것이다.'

주님은 다시 말씀하셨다.

'너의 아내에게 수술을 받으라고 말하라. 네 아내는 죽지 않고 살 것이다.' 그러고는 사라지셨다."[3]

참으로 감동적인 간증이지요! 맞습니다. 하나님은 자녀에게 한없이 주고 싶어 하는 아버지입니다. 실제로 하나님은 믿음으로 드리는 모든 기도에 응답해주십니다.

마태복음 21:22 "너희가 기도할 때에 무엇이든지 믿고 구하는 것은 다 받으리라 하시니라."

그러므로 이 하나님의 사랑을 깨닫고 이제부터 믿음으로 기도하는 여러분 되시기 바랍니다.

한편, 어떤 사람들은 "그런데 왜 저는 믿음으로 기도했는데도 응답을 안 해주시나요?"라고 묻고 싶을 것입니다. 그것은 하나님의 뜻대로 기도하지 않고 욕심으로 구했기 때문입니다.

야고보서 4:2-3 "너희는 욕심을 내어도 얻지 못하여 살인하며 시기하여도 능히 취하지 못하므로 다투고 싸우는도다. 너희가 얻지 못함은 구하지 아니하기 때문이요 구하여도 받지 못함은

---

[3] 케네스 E. 해긴 『나를 살리신 하나님』 정충영 옮김. 서울: 열린책들, 1994. pp. 121-123.

정욕으로 쓰려고 잘못 구하기 때문이라."

저는 아버지이기 때문에 자녀들에게 주고 싶어 합니다. 그러나 유익한 것은 줄 수 있는 모든 것을 주지만, 해가 되는 것은 구해도 줄 수가 없습니다. 하나님 아버지도 마찬가지입니다.

> 마태복음 7:11 "너희가 악한 자라도 '좋은 것'으로 자식에게 줄 줄 알거든 하물며 하늘에 계신 너희 아버지께서 구하는 자에게 '좋은 것'으로 주시지 않겠느냐?"

> 요한일서 5:14 "그를 향하여 우리가 가진 바 담대함이 이것이니 '그의 뜻대로' 무엇을 구하면 들으심이라."

그러므로 어떤 기도가 응답되지 않는다고 하나님이 우리 기도에 응답하신다는 것을 의심하면 안 됩니다.

이것을 생각해본 후, 저는 제 기도가 다 응답되지 않는다 할지라도 하나님이 기도에 응답하신다는 것을 확실히 믿을 수 있게 되었습니다. 또, 하나님의 뜻대로 구하는 것은 반드시 주신다는 것을 믿고 믿음으로 기도할 수 있게 되었습니다. 그러므로 여러분도 이것을 깊이 묵상하십시오. 그래서 믿음의 기도를 드리는 자가 되어 구하는 것마다 응답받는 여러분 되시기를 바랍니다.

4

아버지의 사랑을 받은 자녀도 아버지를 사랑한다.

한 율법사가 "선생님이여 율법 중에 어느 계명이 크니이까?"라고 질문했을 때 예수님이 이렇게 대답하셨습니다.

마태복음 22:37-38 "**네 마음을 다하고 목숨을 다하고 뜻을 다하여 주 너의 하나님을 사랑하라 하셨으니 이것이 크고 첫째 되는 계명이요**"

이것이 가장 중요한 "한 가지"입니다. 우리는 반드시 이 계명을 지켜야 합니다.

그런데 사랑은 명령한다고 할 수 있는 것이 아닙니다. "하나님을 사랑하라는 것이 가장 크고 첫째 되는 계명이다. 제일 중요하다. 그러므로 반드시 하나님을 사랑해야 한다." 이런 가르침만으로는 하나님을 사랑할 수 없습니다. 또, 이런 설교를 듣고 결심하고 노력하는 것만으로는 역부족입니다.

그러면 어찌해야 할까요? 하나님을 진짜 사랑하는 자가 되려면, 하나님의 사랑을 믿고 받아들여야 합니다. 이것은 다음 구절에 잘 나타나 있습니다.

요한일서 4:19 "**우리가 사랑함은 그가 먼저 우리를 사랑하셨음이라.**"

데릭 프린스 목사님은 『속죄』라는 책에서 이 구절에 대해 이렇게 썼습니다.

"나는 테레사 수녀의 종교적 신조를 전부 지지하지는 않지만, 테레사 수녀가 진단한 인류의 근본 문제에는 동의한다. **사랑받지 못하는 것이 최악의 질병**이라는 점이다.

요한일서 4장 19절에는 이렇게 기록되어 있다. '**우리가 사랑함은 그가 먼저 우리를 사랑하셨음이라.**' 얼마나 심오한 진리인가! 하나님의 사랑이 우리 안에서 사랑을 일깨우지 않는 한, 우리는 하나님을 사랑할 수 없다. 이는 사람들 간의 사랑에도 적용되는 진리다. 누군가의 사랑에 의해 우리 안의 사랑이 일깨워지지 않으면 우리는 사랑할 줄 모른다. 한 번도 사랑받지 못한 사람은 어떻게 사랑해야 하는지 모른다. 거절의 상처로 고통당하는 수많은 사람도 남을 사랑하고 싶어 하지만, 그들 속의 사랑이 한 번도 일깨워진

적이 없기 때문에 사랑할 줄 모른다." [4]

옳습니다. 사랑만이 사랑을 낳습니다. 그리고 『날 사랑하심! 날 사랑하심~』이라는 저의 책에 이것이 잘 설명되어 있습니다.

"저는 거짓말을 생리적으로 싫어합니다. 그래서 여러 해 동안 가장 하기 힘들었던 말이 '하나님, 사랑합니다.'였습니다. 모두들 너무나 쉽게 이 말을 하고 노래도 부르지만, 마음에 없는 거짓 고백을 드리길 원치 않았습니다. 저는 부모나 사랑하는 연인이나 자녀에게 대한 것처럼 하나님을 사랑하는 감정이 솟구쳐 오르지 않는 것에 대해서 죄스러운 마음이 들었습니다. 그래서 하나님을 사랑한다고 떳떳하게 고백할 수 없었습니다.

물론 C. S. 루이스가 잘 지적한 것처럼 사랑은 단순히 감정이 아니라 의지입니다. 요한복음 14장과 요한일서 5장 3절에 그것이 잘 나타나 있습니다. 그럼에도 불구하고 사랑에는 감정이 따르게 마련입니다. 그래서 저는 감정이 살아 있는 사랑으로 하나님을 사랑하기 원했습니다. 그러나 아무리 기도하고 노력해도 그것이 쉽지 않았습니다. 그래서 자신의 마음의 강퍅함을 탓하곤 했습니다.

그런데 저의 이런 오랜 고민과 갈등이 『가브리엘 천사를 만나다』라는 책을 통해서 완전히 해결되었습니다. 그 책을 읽고 하나님의

---

[4] 데릭 프린스 『속죄』 김유태 옮김. 서울: 순전한 나드, 2010. p. 156.

사랑을 훨씬 더 구체적으로 깨달을 수 있었기 때문입니다. 그 후 하나님께서 세 번이나 제 영에 다음과 같이 말씀하셨습니다. 그것은 정말 계시, 저에게 꼭 필요한 계시였습니다.

'너는 나를 사랑하기를 간절히 원해왔다. 어떻게 해야 나를 정말로 사랑할 수 있는지 알고 싶니? 그렇다면 엄마를 생각해보아라. 너도 그렇고 자녀들이 왜 엄마를 그렇게 사랑하는 줄 아니? 그것은 그렇게 하겠다고 결심하고 노력해서가 아니란다.

사람들은 어렸을 때부터 엄마의 사랑을 받았어. 배고프면 젖을 물리고, 기저귀를 갈아주고, 안아주고, 씻겨주고, 울면 즉각 달려와 주는 것은 항상 엄마였지. 이렇게 엄마의 사랑을 지속적으로 받으면서 자연스럽게 엄마야말로 세상에서 가장 자기를 사랑하는 사람이라는 것을 알고 믿게 되었단다. 그래서 자연스럽게 엄마를 가장 사랑하게 된 것이야.

아들아, 이것이 바로 비결이란다. 사랑만이 사랑을 낳는다. 그러므로 나를 진짜 사랑하는 자가 되려면 노력하지 말고 먼저 나의 사랑을 받아들여라. 나의 사랑을 알고, 확신하고, 누려라. 그럴 때 비로소 너는 자연스럽게 나를 사랑할 수가 있게 될 것이다.'

진짜 그렇지 않습니까? 사람들은 엄마를 사랑합니다. 엄마를 사랑하려고 노력하는 것이 아니라 엄마에 대한 사랑이 마음에서 우러나옵니다. 그런 사랑은 노력으로 되는 것이 아닙니다.

그런데 다시 말하지만, 왜 사람들은 엄마를 사랑할까요? 왜 돈을 버는 것은 아빠인데 아기들은 일방적으로 엄마를 더 좋아할까요? 왜 아이들은 대부분 엄마 편일까요? 그것은 바로 사랑의 수고 때문입니다. 아기들이 어렸을 때부터 사랑의 수고를 통해 엄마의 사랑을 체험했기 때문입니다.

엄마는 배고프면 젖을 먹여줍니다. 아빠는 불리해요. 일단 아빠는 젖이 없어요. 여기서부터 엄청난 차이가 납니다. 그 다음, 엄마는 기저귀를 갈아줍니다. 보통 아빠들은 이런 일을 잘 못합니다. 아기가 울 때, 제일 먼저 달려가는 사람이 누구입니까? 엄마입니다! 그때 아빠는 직장에서 열심히 일하고 있습니다. 그것을 아기들은 잘 모릅니다. 그런데 엄마는 집에 있고 아기가 울면 달려가서 안아줍니다. 이렇게 아기들은 어렸을 때부터 엄마의 사랑을 느끼며 자라납니다.

물론 아빠들도 사랑 표현을 합니다. 예쁘다고 뽀뽀하고 막 부비부비합니다. 그런데 아빠에게는 수염이 나 있습니다. 젖꼭지는 없고 고슴도치처럼 수염이 있습니다. 불리해도 보통 불리한 것이 아닙니다. 아기들은 사랑한다고 비비는데 괴롭히는 줄 압니다. 그래서 아빠에 대한 다소간의 적개심을 갖고 있습니다.

이것을 통해, 우리가 깨달아야 할 것이 있습니다. **사랑이 사랑을 낳는다**는 것입니다. **엄마는 아기에게 사랑을 주었습니다. 이것이 중요합니다.** 엄마는 아기에게 사랑한다는 것을 확신하게 해주었습니다. 바로 이것이 엄마에 대한 독특한 사랑을 낳는 것입니다. 즉 엄마에 대한 비교할 수 없는 특별한 사랑을 만들어내는 것입니다. 하나님을 사랑하는 것도 이와 똑같습니다. 노력으로 되는 것이 아니라 하나님의 사랑을 깨닫고 누려야 합니다. 하나님의 사랑을 느끼고 확신해야 합니다. 그래야 진정으로 하나님을 사랑할 수 있습니다." [5]

여러분, 공감이 되시지요! 그래서 이 설교가 중요합니다. 하나님을 사랑하려면, 하나님이 우리의 리얼 아버지이시고, 내가 자녀를 사랑하는 것처럼 하나님이 찐으로 나를 사랑하시고, 내가 자녀에게 주고 싶어 하는 것 이상으로 진정으로 나에게 주고 싶어 하시는 아버지라는 것을 깨달아야 합니다. 회개도 중요하고, 기도도 중요하고, 하나님을 사랑하기 위해 결단하고 노력하는 것도 중요합니다. 그러나 가장 중요한 것은 하나님의 사랑을 깨닫고 확신하는 것입니다. 하나님의 인자하심이 우리를 회개로 인도한다는 말이 있듯이 그래야 회개할 수 있고, 그래야 믿음으로 기도할 수 있고, 그래야 하나님을 사랑하려고 노력하는 것을 넘어서서 진짜 하나님을 사랑할 수 있기 때문입니다. 그러므로 그것이 우리에게 가장 필요하고 중요합니다.

때문에 저는 하나님을 사랑하기 원하는 여러분에게 실제로 도움이 되는 두 가지를 소개해드리고자 합니다.

---

[5] 변승우 『날 사랑하심! 날 사랑하심~』 서울: 거룩한진주, 2010. pp. 110-113.

먼저, 밥 존스 목사님의 사후체험 간증인데 그 안에 이런 내용이 있습니다.

"제가 동굴에서 빠져나오자마자 순간적으로 저의 몸이 빛으로 감싸졌습니다. 그때 저의 느낌은 내가 한 번도 느껴본 적이 없는 무엇이라고 표현하기 힘들 정도로 좋은 느낌이었습니다. 그리고 그 순간 저는 제가 세상에 제일 사랑을 많이 받고 있는 사람처럼 느껴졌습니다. 마치 제가 사랑이라고 하는 그런 포근한 담요에 싸여 있는 듯한, 번데기가 그 껍질 속에서 보호받고 있는 듯한 그러한 평안과 충족감이 밀려왔습니다.

그리고 그곳에 있던 새하얀 빛이 저를 감쌌습니다. 제가 이 땅에서는 한 번도 경험해 볼 수 없는 그런 놀라운 경험들을 하게 되는 순간이었습니다. 그런데 그런 행복하고 평안한 느낌이 시간이 지날수록 점점 증가되는 것이었습니다. 저는 도저히 그 느낌을 그 어떤 것과도 비교할 수가 없었습니다. 그래서 제가 성령님께 물었습니다. '제가 지금 느끼고 있는 이것은 어떤 것인가요?' 그랬더니 성령님께서 저에게 '그것이 바로 하나님의 영광이다'라고 가르쳐주셨습니다. 그래서 다시 이렇게 물었습니다. '제가 왜 이렇게 안정감을 느끼고 사랑을 느낍니까?' 그랬더니 성령님께서 '그것이 하나님의 사랑이다'라고 가르쳐주셨습니다." [6]

---

6 밥 존스 『너는 나의 친구라!』 변승우 엮음. 서울: 거룩한진주, 2009. pp. 77-78.

밥 존스 목사님도 평소에는 이토록 놀라운 하나님의 사랑을 느끼지 못했습니다. 그러나 죽어서 영이 몸을 떠나자 느낄 수 있었습니다. 왜냐하면 그런 하나님의 사랑이 엄연한 사실이고 실제이기 때문입니다. 우리도 지금은 몸 안에 있어서 방해를 받고 온전히 느끼지 못하지만 몸을 떠나면 그것을 온전히 느끼게 될 것입니다. 그것이 실재입니다. 그러므로 지금 온전히 느끼지 못해도 하나님이 이처럼 우리를 사랑하신다는 것을 굳게 믿으시기 바랍니다.

다음으로, 우리 교회를 열렬히 지지하는 미국의 한 대학교수님이 오래전에 올린 **"너는 큰 사랑을 입은 자다. 네가 이해할 수 있는 것보다 훨씬 더!"**라는 글을 소개해드리고 싶습니다. 앨 토머스 목사님의 매우 은혜스러운 간증입니다.

"어느 날 운전하는 중에, 저는 즐거운 마음으로 '하나님의 왕국'이라는 주제에 대한 강력한 메시지를 (CD나 테이프를 통해서) 듣고 있었습니다. 그 메시지는 저를 엄청나게 강타하였습니다. 집을 향해 운전하는 동안, 성령님이 제게 말씀하기 시작하였고 … 그 후로부터 삼 일 동안, 저는 하나님으로부터 다음과 같은 메시지를 받았습니다.

하나님이 말씀하셨습니다. '내 백성 중 많은 이가 (하나님에 대하여) 실패하였다는 잘못된 생각에 사로잡혀 있단다. 그들은 기도하고 말씀을 읽는다. 하지만 세월이 지남에 따라 절망이 고개를 쳐들고, 죄책감과 수치가 (나를) 아는 것보다 커지게 된다. 사단의 참소를 통한 괴롭힘은 말할 것도 없고 … (하지만) 나는 내 양들이 이 덫을 피할 수 있는 몇 가지 강력한 열쇠를 가지고 있단다.'

하나님이 말씀하셨습니다. '네가 실패하고 있다는 생각 대신에, 내가 너를 얼마나 사랑하는지를 생각하렴. 이것은 나의 자녀들 모두가 붙잡아야 하는 진리란다. 그렇지 않으면 그들은 진정으로 자유할 수가 없을 것이다. 나의 자녀들 중 많은 이가 '하나님이 나를 사랑하세요'라고 고백하면서도, 그것을 진심으로 받아들이지 않고 있는 것이 나를 슬프게 한다. 네가 나에게 사랑받고 있다는 것을 알게 되면 엄청난 자유, 기쁨, 그리고 '내게 어떤 일이 일어나도, 나는 괜찮아'라는 생각을 경험하게 될 것이다. 내 아들 예수는 '진리가 너희를 자유케 하리라'라고 말하지 않았다. 그는 '진리를 알지니 진리가 너를 자유케 하리라'라고 하였다(요 8:32).

너는 인간으로서는 이해할 수 없는 큰 사랑을 입었다. 내 자녀들 각자가 그의 사랑하시는 자 안에서 허락을 받아(엡 1:6), 그들의 저택에 들어갈 것이다(요 14:2). 나는 너를 (나의) 자녀로 삼았다. 너의 불완전함을 바라보는 것을 그만두고 내가 너를 얼마나 사랑하는지 알기 위해 내 말을 연구하여라(롬 8:35-39). 나는 매일같이 사랑의 마음을 가지고 너를 생각하고 있단다.'

하나님이 말씀하셨습니다. '내가 너를 먼저 사랑하였다는 계시를 잊지 말거라.

나의 교회 중 많은 곳에, '만일 어떤 성도가 그가 하는 모든 것으로 나를 기쁘게 하지 않으면, 그러한 종류의 실패로 인해 내가 그를 사랑하지 않는다'라고 말하는, 어떤 강한 (영적) 흐름이 있다. 조심하여라. 내가 지금 하는 말은 '너는 나에게 순종하거나 항복하지 않아도 되고, 네 육을 십자가에 못 박지 않아도 된다'라는 의미로 하는 말이 아니란다. 성화의 작업은 계속되는 과정이란다(고후 3:17-18, 엡 5:26).

하지만 네가 나를 위해 무엇인가를 얼마나 하든지 안 하든지 간에, 나는 너를 동일하게 그리고 절대적으로 사랑할 것이란다. 이것이 '(그러니까) 너는 게을러도 된다'는 의미는 아니다. 하지만 **너희 중 누가 온전히 자격이 있느냐? 아무도 없단다. 바로 이 때문에 내 아들이 너희를 위해 죽고자 내려갔던 것이란다**(빌 3:12).'

하나님이 말씀하셨습니다. '사단은 네가 '하나님은 나를 완전하게 사랑하지 않아'라고 생각하기를 원한단다. …'

하나님이 말씀하셨습니다. '내 아들 안에 거하려무나. 그는 율법적인 폭군이 아니라 너의 신랑이란다. … 특히 나의 아들 예수는 너의 연인이 되기를 갈망하고 있다. 네가 사랑받고 있다는 것을 한 번 알게 된다면, 엄청난 중압감이 사라질 것이다. 어떠한 일이 생기든지 간에 너는 항상 내가 너를 미치도록 사랑한다는 사실을 확신하게 될 것이다. 자녀들아 나는 너희를 계속 사랑할 것이다. 네가 이 엄청난 진리를 소화할 때, 너는 진정으로 자유와 기쁨으로 들어가기 시작할 것이다. 너는 나와 내 아들에게 속한 자란다. 그리고 우리는 너를 진심으로 사랑한다. 내가 너를 먼저 사랑했단다.

너는 결코 내가 너를 사랑하는 것보다 나를 더 사랑할 수 없단다. 그러므로 이것을 그냥 받아들이렴. 일단 받아들이고 나면 너는 저절로 나를 사랑하기 원하게 될 것이다.'

하나님이 말씀하셨습니다. '나와 좋은 시간을 가지지 못한 것 때문에 죄책감을 갖는 것을 멈추어라.

오해하지 마라. 물론 나는 네가 나와 시간을 보내기를 원한다. 하지만 많은 이들이 내가 그들에게 화가 났다고 생각하는구나. 그래서 내 자녀들 중 많은 이가 내가 그들을 얼마나 끔찍이 사랑하는지 쉽게 잊어버린단다. 나를 충분히 사랑하지 않는다는 것으로 인해 죄책감을 갖는 대신에, 내가 너를 얼마나 사랑하는지를 굳게 붙들어라. 그렇다, 몇몇은 (자신들의) 범죄, 그리고 잘못된 (참소하고 정죄하는) 교인들 때문에 나에게 거리를 둔다. 그러나 그들은 내가 그들을 사랑하기를 멈춘 적이 전혀 없다는 것을 이해하지 못한단다. 내 마음이 찢어지고 또한 내가 그들이 나에게 돌아오기를 간절히 바라고 있음에도 불구하고…

내 자녀들을 위한 나의 간절한 소원은―내 자녀들이 내가 그들을 향해 품고 있는 열정적인 사랑의 계시를 붙잡을 수 있는 곳까지 나아가는 것이다. 나의 사랑은 모든 것을 이기느니라(고전 13)." [7]

부모가 자식을 사랑하는 것은 자식의 됨됨이와 무관합니다.

---

[7] https://cafe.daum.net/Bigchurch/LZk9/12099

무조건 사랑하는 내리사랑입니다. 자식이 잘못한다고 사랑하는 것 자체가 바뀌진 않습니다. 하나님은 더 그렇습니다. 왜냐하면 로마서 5장에 기록되어 있는 대로, 하나님은 처음부터 죄인이고, 연약하고, 원수인 우리를 우리의 어떠함과 상관없이 사랑하셨기 때문입니다. 때문에 설사 우리가 죄를 짓고 잘못한다고 해도 그 사랑은 변하지 않습니다.

이스라엘을 보십시오! 그들이 하나님을 배신하고 우상숭배하고 타락한다고 하나님의 사랑이 변했습니까? 아닙니다. 하나님은 변함없이 그들을 사랑하셨습니다. 그것을 호세아 선지자를 통해 분명히 보여주셨습니다. 그들에게 계속 선지자를 보내 회개를 촉구한 자체가 그들을 사랑했기 때문입니다. 또, 우리가 회개하고 돌아올 때 누가복음 15장에 기록되어 있는 것처럼 기쁨으로 잔치를 벌이는 것도, 우리의 됨됨이와 상관없이 우리를 사랑하시기 때문입니다.

물론 우리가 계속 습관적으로 죄를 짓고 회개하지 않으면 멸망받을 수밖에 없습니다. 그러나 그럼에도 불구하고 죄를 짓고 잘못한다고 하나님의 사랑이 멈추거나 우리를 사랑하지 않는 것이 아니라는 것을 깨달아야 합니다. 그것을 꼭 붙들어야 합니다.

여러분, 이제 하나님이 여러분을 변함없이 진짜로 사랑하신다는 것을 아시겠지요! 그러므로 자신에 대한 하나님의 사랑을 확신하십시오. 그래서 하나님을 진정으로 사랑하는 여러분 되시기 바랍니다. 또한, 주위에 여러분이 변화되길 간절히 원하는 사람이 있으면 하나님이 하신 것처럼 먼저 그를 사랑하십시오. 계속 사랑하십시오. 왜냐하면 사랑만이 사랑을 낳기 때문입니다. 즉 사랑이 사람을 변화시킬 수 있는 최고의 비결이기 때문입니다.

5

자녀가 아버지를 닮듯이 우리도 하나님 아버지를 닮아가야 한다.

모든 자녀는 부모를 닮습니다. 나이가 들면 신기할 정도로 더 부모를 닮아갑니다. 마땅히 하나님의 자녀인 우리도 아버지 하나님을 닮고 연부년 계속 닮아가야 합니다.

먼저, 우리는 거룩에 있어서 하나님을 닮아가야 합니다.

레위기 11:45 "나는 너희의 하나님이 되려고 너희를 애굽 땅에서 인도하여 낸 여호와라. **내가 거룩하니 너희도 거룩할지어다.**"

베드로전서 1:16 "기록되었으되 **내가 거룩하니 너희도 거룩할지어다** 하셨느니라."

이것은 매우 중요합니다. 그러나 여기서 멈추면 안 됩니다. 왜냐하면 주님이 이렇게 말씀하셨기 때문입니다.

누가복음 6:36 "너희 아버지의 자비로우심같이 너희도 자비로운 자가 되라."

마태복음 5:48 "그러므로 하늘에 계신 너희 아버지의 온전하심과 같이 너희도 온전하라."

여기서 "온전하라"는 말은 사랑하라는 뜻입니다. 문맥이 그것을 밝히 보여줍니다(마 5:43-48). 그러므로 우리는 사랑하기로 결단해야 합니다.

먼저, 우리는 하나님의 사랑을 깨닫고 하나님을 사랑해야 합니다. 또, 거기서 멈추지 말고 서로 사랑해야 합니다.

요한복음 13:34-35 "새 계명을 너희에게 주노니 **서로 사랑하라.** 내가 너희를 사랑한 것같이 너희도 **서로 사랑하라.** 너희가 **서로 사랑하면** 이로써 모든 사람이 너희가 내 제자인 줄 알리라."

서로 사랑하는 것의 중요성은 요한일서에 특히 잘 나타나 있습니다.

요한일서 2:5 "누구든지 그의 말씀을 지키는 자는 하나님의 사랑이 참으로 그 속에서 온전하게 되었나니 이로써 우리가 그의 안에 있는 줄을 아노라."

요한일서 4:11-12 "사랑하는 자들아 하나님이 이같이 우리를 사랑하셨은즉 우리도 서로 사랑하는 것이 마땅하도다. 어느 때나 하나님을 본 사람이 없으되 만일 우리가 서로 사랑하면 하나님이 우리 안에 거하시고 그의 사랑이 우리 안에 온전히 이루어지느니라."

요한일서 4:17-18 "이로써 사랑이 우리에게 온전히 이루어진 것은 우리로 심판 날에 담대함을 가지게 하려 함이니 주께서 그러하심과 같이 우리도 이 세상에서 그러하니라. 사랑 안에 두려움이 없고 온전한 사랑이 두려움을 내쫓나니 두려움에는 형벌이 있음이라. 두려워하는 자는 사랑 안에서 온전히 이루지 못하였느니라."

예수님은 서로 사랑해야 "너희가 내 제자인 줄 알리라"고 하셨습니다. 요한도 이와 맥을 같이하여 서로 사랑하여 하나님의 사랑이 우리 속에서 온전하게 되어야 "우리가 그 안에 있는 줄을 안다"고 했습니다. 또한, 그래야 "심판 날 담대함을 가질 수 있다"고 했습니다. 왜냐하면 참 믿음은 사랑으로써 역사하는 즉 사랑으로 표현되는 믿음뿐(갈 5:6)이므로 주님이 그날 사랑하는 법을 배웠느냐고 물으실 것이기 때문입니다.

한편, 여러분처럼 저도 오랫동안 이 구절들에 나오는 "하나님의 사랑이 우리 안에서 온전케 된다"는 것이 무슨 뜻인지 궁금

했습니다. 그러다 이동기 목사님이 이 구절들을 주해한 것을 듣고 비로소 이해할 수 있었습니다. 그중 일부를 여러분과 다시 나누고 싶습니다.

우리가 보는 개역개정 성경은 요한일서 2장 5절을 "하나님의 사랑이 … 그 속에서 온전케 되었다"고 번역했습니다. 그러나 새번역이나 공동번역은 '하나님의 사랑'이 아니라 '하나님을 사랑'하는 것으로 번역했습니다. 전자는 성도를 향한 하나님의 사랑이고, 후자는 하나님을 향한 성도들의 사랑입니다.

그럼 어느 번역이 옳을까요? 요한일서에서 2장 5절은 4장 12절과 평행을 이룹니다. 그 둘을 서로 비교해보면 알 수 있습니다.

요한일서 2:5 "누구든지 그의 말씀을 지키는 자는 **하나님의 사랑이 참으로 그 속에서 온전하게 되었나니** 이로써 우리가 그의 안에 있는 줄을 아노라."

요한일서 4:12 "어느 때나 하나님을 본 사람이 없으되 만일 우리가 서로 사랑하면 하나님이 우리 안에 거하시고 **그의 사랑이 우리 안에 온전히 이루어지느니라**."

이처럼 "그의 사랑"(4:12) 즉 하나님의 사랑이므로 2장 5절도 우리가 하나님을 사랑하는 것이 아니라 하나님의 사랑을 뜻한다고 보아야 합니다. 그런데 이 때문에 이런 반문이 생겨납니다.

"하나님의 사랑은 완전한 사랑이다. 그런데 어떻게 성도 안에서 온전해진다는 말인가? 그러면 하나님의 사랑이 불완전한 사랑이라는 말인가?"

이에 대해 캐런 좁스는 우리의 이해를 도와주는 중요한 말을 했습니다.

"이 진술을 하나님의 사랑은 온전하거나 완전하지 않고 인간의 관여에 따라 온전하거나 완전해진다는 의미로 해석해서는 안 된다. 요한의 사상에서 하나님의 사랑은 확실히 완전하고 그 사랑은 신자의 삶 속에서 구현되어야 한다. 그러므로 신자를 향한 하나님의 사랑이 목표하는 바는 신자가 타인을 대하는 방식을 변화시키는 것이다. 요한은 우리를 향한 하나님의 사랑의 목표가 우리의 도덕적 변화라고 지적한다." [8]

5절의 '완전케 되었다'는 동사($\tau\epsilon\lambda\epsilon\iota\acute{o}\omega$)에는 '완성하다', '목적을 달성하다', '성취하다'라는 뜻이 있습니다. 다른 이를 사랑하는 성도 안에서 하나님의 사랑의 목적이 성취된다는 것입니다. 우리를 사랑하시는 하나님의 사랑에는 두 가지 목적이 있습니다. 하나는, 우리를 구원하는 것입니다.

---

8 캐런 H. 좁스『강해로 푸는 요한일·이·삼서(존더반 신약주석)』김귀탁 옮김. 서울: 디모데, 2018. p. 94.

요한복음 3:16 "하나님이 세상을 이처럼 사랑하사 독생자를 주셨으니 이는 그를 믿는 자마다 멸망하지 않고 영생을 얻게 하려 하심이라."

다른 하나는, 우리를 하나님처럼 사랑하는 자로 변화시키는 것입니다.

요한일서 4:9-11 "하나님의 사랑이 우리에게 이렇게 나타난 바 되었으니 하나님이 자기의 독생자를 세상에 보내심은 그로 말미암아 우리를 살리려 하심이라. 사랑은 여기 있으니 우리가 하나님을 사랑한 것이 아니요 하나님이 우리를 사랑하사 우리 죄를 속하기 위하여 화목 제물로 그 아들을 보내셨음이라. **사랑하는 자들아 하나님이 이같이 우리를 사랑하셨은즉 우리도 서로 사랑하는 것이 마땅하도다.**"

그런데 그 후 이렇게 말했습니다.

요한일서 4:12 "어느 때나 하나님을 본 사람이 없으되 **만일 우리가 서로 사랑하면 하나님이 우리 안에 거하시고 그의 사랑이 우리 안에 온전히 이루어지느니라.**"

그러므로 하나님의 사랑이 우리 안에서 온전케 된다는 것은 그 사랑의 목적이 성취되는 것을 뜻합니다. 이에 대해 채영삼 교수님은 이렇게 썼습니다.

> "그렇다면 말씀을 지킴으로써 그 사랑이 '온전하게 된다'는 것이 무슨 뜻인가? 여기서 '온전하게 된다'(τετελείωται)는 것은 완료형 수동태로서, 하나님의 사랑이 어떤 최종적인 상태에 이른다는 의미이다. 그러니까 하나님에게서 출발한 사랑이 그 아들 곧 생명의 말씀을 통해 우리에게 전달되고, 우리가 받은 그 하나님의 사랑은 우리 안에서 우리를 통해 원래 그것이 향했던 그 '목적지에 이른다'는 뜻이다. 하나님의 사랑이 온전하게 된다는 이 주제는 요한일서의 후반부에서 더욱 분명하고 풍성하게 전개된다(4:7-21).
>
> 여기서는, 우리가 그 아들을 믿음으로써 받았고 그와의 사귐을 통해 그 안에 거하고 있는 **그 사랑**은, 또한 **우리의 행함을 통해** 형제 사랑으로, 이웃 사랑으로, 이 세상 한복판에서 '반드시 나타나야만 하는' 사랑임을 기억하는 것으로 충분하다. 만일 우리가 말씀을 행하지 않음으로 우리가 받은 아버지의 사랑을 나타내지 못한다면 어찌되는가? 그것은 우리가, 그 사랑이 원래 이르고자 하는 그 목적지에 이르지 못하도록 막아서는 방해물이 되어 버린다는 사실을 의미할 것이다." [9]

---

9 채영삼 『코이노니아와 코스모스』 고양: 이레서원, 2021. p. 189.

그러므로 하나님의 사랑이 우리 안에서 온전케 된다는 것은 우리를 사랑하신 하나님의 사랑의 궁극적인 목적이 이루어진다는 뜻입니다. 그 일은 우리가 서로 사랑할 때 이루어집니다. 또, 그런 자들이 예수님의 참 제자요, 예수님 안에 거하는 자이고, 심판 날 담대할 수가 있습니다. 서로 사랑하는 것이 이렇게 중요합니다. 그러므로 우리는 반드시 서로를 사랑해야 합니다.

한 걸음 더 나아가, 우리는 하나님 사랑에 감격하여 하나님을 사랑하고 서로 사랑할 뿐 아니라 이웃과 원수까지도 사랑해야 합니다. 그것이 곧 "하늘에 계신 너희 아버지의 온전하심과 같이 너희도 온전하라."는 말씀의 의미이기 때문입니다.

> 마태복음 5:43-48 "또 네 이웃을 사랑하고 네 원수를 미워하라 하였다는 것을 너희가 들었으나 나는 너희에게 이르노니 **너희 원수를 사랑하며 너희를 박해하는 자를 위하여 기도하라.** 이같이 한즉 하늘에 계신 너희 아버지의 아들이 되리니 이는 하나님이 그 해를 악인과 선인에게 비추시며 비를 의로운 자와 불의한 자에게 내려주심이라. 너희가 너희를 사랑하는 자를 사랑하면 무슨 상이 있으리요 세리도 이같이 아니하느냐? 또 너희가 너희 형제에게만 문안하면 남보다 더하는 것이 무엇이냐? 이방인들도 이같이 아니하느냐? **그러므로 하늘에 계신 너희 아버지의 온전하심과 같이 너희도 온전하라.**"

그래서 저는 자신뿐 아니라 다른 이들을 위해 기도할 때 항상 이렇게 기도합니다.

우선, 보는 눈과 들을 귀와 깨닫는 마음을 달라고 기도합니다. 왜냐하면 이것이 없으면 누구도 희망이 없기 때문입니다. 그 후 세 가지를 위해서 기도합니다.

먼저, '회개'와 '믿음'을 통해 '팔복의 사람이 되게 해달라'고 기도합니다. 더불어, 팔복 중 각자에게 필요한 복을 구체적으로 구하는 기도를 드립니다.

다음으로, '성령 충만'하고 '성령을 따라 행함으로' '서기관과 바리새인보다 나은 의를 갖게 해달라'고 기도합니다. 더불어, 서기관과 바리새인보다 나은 의 중 각자에게 필요한 의를 구체적으로 구하는 기도를 드립니다.

마지막으로, '하나님'과 '이웃을 사랑'함으로 '완전을 추구하고 완전에 도달하게 해달라'고 기도합니다. 더불어, 마음을 다하고 목숨을 다하고 뜻을 다하여 하나님을 사랑하게 해달라고 간구하고, 또 주님이 우리를 사랑하신 것처럼 서로 사랑하게 해달라고 구하고, 또한 이웃을 내 몸처럼 사랑하게 해달라고 기도하고, 끝으로 원수를 사랑하고 핍박자를 위해서 기도하는 자가 되게 해달라고 기도합니다. 왜냐하면 이것이 바로 완전이고, 예수님이 산상수훈을 통해 보여주신 온전한 하나님의 뜻이기 때문입니다. 여러분도 기도할 때마다 이렇게 기도하십시오. 그리하여 하나님 아버지를 쏙 빼닮은 분들이 다 되시기 바랍니다.

결론을 말씀드리겠습니다. 저는 이 짧은 설교가 우리가 평생 추구하고 달려가야 할 이정표를 보여주고 있다고 생각합니다.

먼저, 하나님이 우리의 리얼 아버지라는 것을 깨달으십시오!

또, 아버지가 자녀를 사랑하듯 우리를 사랑하시는 좋으신 하나님이라는 것을 믿으십시오.

또, 아버지처럼 하나님도 우리에게 아낌없이 주기 원하신다는 것을 깨닫고 믿음으로 기도하는 자가 되십시오.

또, 이 세 가지를 통해 하나님의 사랑을 깨닫고 확신하여 하나님을 뜨겁게 사랑하는 자가 되십시오.

또한, 거기서 멈추지 말고 형제와 이웃과 원수까지 사랑하여 철저히 사랑이신 하나님을 닮아가는 자가 되십시오.

그렇게 하면 궁극적인 구원은 따 놓은 당상입니다. 또 더없이 행복한 자가 되고, 복을 덤으로 받게 될 것이며, 천국에서 가장 영광스러운 자들이 될 것입니다. 그러므로 평생 이것을 목표로 삼고, 매일 이것을 위해 기도하고, 날마다 실제로 그렇게 살아가는 저와 여러분이 됩시다.

거룩한 진주의 도서들 1

─── 필독 추천 도서 ───

우리 산상수훈과 함께 다시 시작해요!(중)
나는 바리새인보다
나은 의를 가지고 있는가?
변승우 | 신국판 | 512면 | 20,000원

우리 산상수훈과 함께 다시 시작해요!(상)
나는 팔복의 사람인가?
변승우 | 신국판 | 524면 | 20,000원

중심이 미래를 좌우한다!
변승우 | 신국판 | 120면 | 7,000원

은사 사역 필독서!
너희는 더욱 큰 은사를 사모하라!
변승우 | 신국판 | 272면 | 12,000원

이 책 한 권이면 계시록이 보인다!
하나님의 어리석음이 사람보다 지혜롭다!!!
변승우 | 신국판 | 848면 | 33,000원

지옥에 가는 크리스천들 (수정증보판)
변승우 | 신국판 | 424면 | 12,000원

터
변승우 | 신국판 | 292면 | 9,000원

정경의 권위
변승우 | 신국판 | 160면 | 7,000원

다이아몬드 같은 진리!
변승우 | 신국판 | 488면 | 16,000원

예정론의 최고난제:
토기장이의 비유 풀이!
변승우 | 신국판 | 244면 | 12,000원

능력으로 관통되는 복음!
변승우 | 신4.6판 | 76면 | 5,000원
큰글씨 | 신국판 변형 | 84면 | 6,000원

이기는 자가 가는 나라!
변승우 | 문고판 | 48면 | 3,000원
큰글씨 | 신국판 변형 | 56면 | 4,000원

한 가지!
변승우 | 신국판 변형 | 112면 | 6,000원

십일조 대논쟁!
변승우 | 신국판 | 144면 | 7,000원

길
변승우 | 신국판 | 228면 | 7,000원

열방을 위한 하나님의 전략!
변승우 | 신국판 | 184면 | 9,000원

정통보다 더 성경적인 교회!
변승우 | 신국판 | 180면 | 8,000원

하나님의 집인가? 귀신의 집인가?
변승우 | 신국판 변형 | 84면 | 5,000원

당신의 자녀를 하나님의 자녀가 되게 하라!
변승우 | 신국판 변형 | 108면 | 5,000원

참으로 하나님의 은혜를 깨달은 날부터!
변승우 | 신국판 변형 | 64면 | 4,500원

─── ··· ───

유대교의 전철을 밟고 있는 개신교!
변승우 | 신국판 변형 | 80면 | 6,000원

아프리카 선교 현장에서
사도행전이 재현되다!
신4.6판 | 56p | 3,500원

주님, 이 구절은 무슨 뜻인가요?
변승우 | 신4.6판 | 132면 | 6,500원

강남 사는 이작골 스타일 목사의
산소 같은 산행일기 3
변승우 | 4.6배판 변형 | 328면 | 17,000원

부에 대한 균형 잡힌 가르침!
변승우 | 신국판 | 160면 | 8,000원

사랑하는교회는 어떤 교회인가?
변승우 | 신국판 변형 | 108면 | 6,000원

강남 사는 이작골 스타일 목사의
산소 같은 산행일기 2
변승우 | 4.6배판 변형 | 292면 | 16,500원

해 아래 가장 명백한 진리! (복음전도용)
변승우 | 문고판 | 24면 | 1,000원
큰글씨 | 신국판 변형 | 24면 | 2,000원

오직 기독교가 길이요 진리요
생명이다!
변승우 | 문고판 | 40면 | 2,000원
큰글씨 | 신국판 변형 | 48면 | 3,000원

성경이 흔들리면 기독교가 무너진다!
변승우 | 신국판 | 164면 | 7,000원

평생 되새겨야 할 가장 중요한 진리!
변승우 | 신국판 변형 | 104면 | 7,000원

동성애 쓰나미!
변승우 | 신국판 | 328면 | 13,000원

믿음의 말씀 바로 알기!
변승우 | 신국판 변형 | 168면 | 8,000원

스카이(SKY)보다 크신 하나님!
변승우 | 신4.6판 | 76면 | 5,000원

하나님께 나아가자!
변승우 | 신국판 변형 | 92면 | 6,000원

하나님의 시선을 끄는 겸손!
변승우 | 신4.6판 | 48면 | 4,000원

땅에 떨어지는 예언들!
변승우 | 신국판 | 216면 | 11,000원

믿음으로 자백하라!
변승우 | 신국판 변형 | 160면 | 7,000원

전염병 경보 발령!
변승우 | 신국판 변형 | 84면 | 5,000원

사랑하는교회(舊 큰믿음교회)
이단시비 종결되다!
변승우 편저 | 신국판 | 196면 | 6,000원

교회를 허무는 마귀의 교리
은사중지론!
변승우 | 신4.6판 | 60면 | 6,000원

당신의 고백을 점검하라!
변승우 | 신국판 변형 | 64면 | 4,000원

종말론 바로 알기!
변승우 | 신국판 변형 | 88면 | 4,500원

아~ 믿으라는 말이 이런 뜻이었구나?
변승우 | 신국판 변형 | 96면 | 5,000원

알면 사랑할 수밖에 없는 하나님
변승우 | 신4.6판 | 40면 | 2,000원

하나님이 주신 비전!
변승우 | 신4.6판 | 136면 | 4,000원

?
변승우 | 신국판 | 312면 | 11,000원

하나님의 부르심
변승우 | 신4.6판 | 60면 | 2,500원

거룩한진주의 도서들 2

하나님의 선물
변승우 | 신4.6판 | 128면 | 4,000원

크리스천의 문화생활
변승우 | 신4.6판 | 64면 | 2,500원

사랑받고 사랑하는 사람!
변승우 | 신4.6판 | 120면 | 4,000원

강남 사는 이작골 스타일 목사의 산소 같은 산행일기
변승우 | 4.6배판 변형 | 312면 | 16,500원

성경이 무엇을 말하느냐?
변승우 | 신국판 변형 | 168면 | 5,000원

나는 행복합니다
변승우 | 신4.6판 | 124면 | 4,000원

박해
변승우 | 신국판 변형 | 140면 | 5,000원

과부 명부!
변승우 | 신4.6판 | 120면 | 2,500원

멍에
변승우 | 신국판 | 200면 | 5,000원

하나님이 절대주권으로 예정하셨다고요?
변승우 | 신국판 | 296면 | 8,000원

대질심문
변승우 | 신국판 | 324면 | 6,000원

천국의 가장 작은 자가 어떻게 세례 요한보다 클 수가 있나?
변승우 | 신국판 변형 | 96면 | 3,000원

계시
변승우 | 신국판 | 124면 | 4,000원

자의식 대수술!
변승우 | 신국판 | 184면 | 4,500원

종교개혁보다 나를 개혁하는 것이 더 중요하다!
변승우 | 신국판 | 348면 | 9,000원

내가 너희를 사랑한 것같이!
변승우 | 신국판 | 200면 | 4,500원

예언을 멸시하지 말라!
변승우 | 신국판 | 190면 | 5,000원

올바른 성경 읽기
변승우 | 신국판 | 120면 | 6,000원

청년이 무엇으로 그의 행실을 깨끗하게 하리이까?
변승우 | 신국판 | 104면 | 5,000원

풋대
변승우 | 신국판 | 184면 | 5,000원

용서는 나를 위한 것이다!
변승우 | 신국판 | 114면 | 4,000원

종교개혁은 아직 끝나지 않았다!
변승우 | 신국판 | 148면 | 5,500원

주께서 보여주신 선(善)
변승우 | 신국판 | 118면 | 4,500원

할렐루야!
변승우 | 신국판 | 148면 | 4,500원

기름부음 받은 자를 존중하라!
변승우 | 신국판 | 98면 | 7,000원

미혹
변승우 | 신국판 | 136면 | 7,000원

내가 꿈꾸어온 교회
변승우 | 신국판 | 148면 | 4,000원

교회여~ 추수꾼들을 일으켜라!
변승우 | 신국판 | 142면 | 7,000원

습관적인 죄에 대한 새로운 이해!
변승우 | 신국판 | 112면 | 7,000원

예수님이 전부입니다!
변승우 | 신국판 | 114면 | 7,000원

하나님은 용기 있는 사람을 쓰신다!
변승우 | 신국판 | 128면 | 5,000원

주의 음성을 네가 들으니!
변승우 | 신국판 | 128면 | 8,000원

실전 영분별
변승우 | 신국판 | 172면 | 9,000원

여호와의 산, 그 거룩한 곳!
변승우 | 신국판 | 112면 | 4,000원

1세기의 사도와 오늘날의 사도
변승우 | 신국판 | 161면 | 5,000원

장로 그리고 당회는 과연 성경적인가?
(수정증보판)
변승우 | 신국판 | 112면 | 5,000원

패러다임의 전환이 필요한
전통적인 계시관
변승우 | 신국판 | 176면 | 5,000원

날 사랑하심! 날 사랑하심~
변승우 | 신국판 | 176면 | 9,000원

교회가 변하면 세상이 변한다!
변승우 | 신국판 | 250면 | 7,000원

월드컵보다 더 중요한 경기
변승우 | 신국판 변형 | 130면 | 3,500원

말씀 말씀 하지만
성경에서 벗어난 제자 훈련
변승우 | 신국판 변형 | 183면 | 5,000원

긴급수혈
변승우 | 신국판 변형 | 73면 | 5,000원

그 시에 주시는 그 말을 하라!
즉흥 설교 제5권
변승우 | 신국판 변형 | 264면 | 7,000원

그 시에 주시는 그 말을 하라!
즉흥 설교 제4권
변승우 | 신국판 변형 | 292면 | 7,000원

그 시에 주시는 그 말을 하라!
즉흥 설교 제3권
변승우 | 신국판 변형 | 293면 | 7,000원

그 시에 주시는 그 말을 하라!
즉흥 설교 제2권
변승우 | 신국판 변형 | 305면 | 7,000원

그 시에 주시는 그 말을 하라!
즉흥 설교 제1권
변승우 | 신국판 변형 | 304면 | 7,000원

양신역사
변승우 | 신국판 변형 | 147면 | 7,000원

명목상의 교인인가? 미성숙한 신자인가?
변승우 | 신국판 변형 | 84면 | 5,000원

정통의 탈을 쓴 짝퉁 기독교
변승우 | 신국판 변형 | 295면 | 5,500원

예수빵 (개정판)
변승우 | 신국판 변형 | 116면 | 7,000원

가짜는 진짜를 핍박한다!
변승우 | 신국판 변형 | 163면 | 5,500원

거룩한진주의 도서들 3

구원에 이르는 지혜
변승우 | 신국판 변형 | 104면 | 4,500원

꺼져가는 등불, 양심
변승우 | 신4.6판 | 87면 | 2,500원

열방이 너희를 복되다 하리라!
변승우 | 신4.6판 | 77면 | 4,000원

하나님의 인자와 엄위 그 가운데
생명의 좁은 길이 있습니다!
변승우 | 신4.6판 | 156면 | 4,000원

여호와의 입에서 나오는 말씀
변승우 | 신국판 | 268면 | 10,000원

특별히 예언을 하려고 하라!
변승우 | 신국판 | 314면 | 9,000원

목사님, 어떻게 해야 마음이
청결한 자가 될 수 있나요?
변승우 | 문고판 | 90면 | 2,000원

좋은 씨와 맑은 물
변승우 편저 | 신국판 | 300면 | 5,000원

진짜 구원받은 사람도
진짜 버림받을 수 있다!
변승우 | 신국판 | 360면 | 13,500원

영광에서 영광으로
김옥경 | 신국판 | 360면 | 12,000원

문맥 안에서 다시 보는 로마서 난해구
이동기 | 신국판 | 296면 | 15,000원

믿음의 순종
이동기 | 신4.6판 변형 | 72면 | 4,500원

하나님이 창안하신 부부질서
김원호 | 신국판 변형 | 273면 | 8,000원

'주께서'
이 안에 치유의 비결이 있다!
이길용 | 신4.6판 | 116면 | 3,500원

물러서지 않는 것이 신앙이다!
이윤석 | 신4.6판 | 80면 | 3,000원

읽는 자는 깨달을 찐저!
강순방 | 신국판 | 184면 | 5,000원

팩트 체크!
"변승우 목사가 신사도 운동을 한다?"
이동기 외 2인 | 신4.6판 | 72면 | 4,000원

번역서

Christians Going to Hell
지옥에 가는 크리스천들 [영문]
변승우 | 신국판 변형 | 300면

The Foundation
터 [영문]
변승우 | 신국판 | 256면

根基
터 [중문]
변승우 | 신국판 변형 | 188면

Truth Like a Diamond!
다이아몬드 같은 진리! [영문]
변승우 | 신국판 | 495면

The Gospel Pervaded by Power
능력으로 관통되는 복음! [영문]
변승우 | 신국판 변형 | 41면

大能貫通的福音
능력으로 관통되는 복음! [중문]
변승우 | 신국판 변형 | 44면

The Kingdom of Overcomers
이기는 자가 가는 나라! [영문]
변승우 | 신국판 변형 | 52면

得胜者所进的国
이기는 자가 가는 나라! [중문]
변승우 | 신국판 변형 | 36면

When the Church Changes,
the World Changes!
교회가 변하면 세상이 변한다! [영문]
변승우 | 신국판 | 220면

教会改变世界就会改变
교회가 변하면 세상이 변한다! [중문]
변승우 | 신국판 | 212면

The Clearest Truth Under the Sun
해 아래 가장 명백한 진리! [영문]
변승우 | 신국판 변형 | 44면

Christianity Alone Is the Way,
and the Truth, and the Life!
오직 기독교가 길이요 진리요 생명이다! [영문]
변승우 | 신국판 변형 | 52면

救いに至る知恵
구원에 이르는 지혜 [일본어]
변승우 | 문고판 | 102면

得救的智慧
구원에 이르는 지혜 [중문]
변승우 | 신국판 변형 | 96면

From Glory to Glory
영광에서 영광으로 [영문]
김옥경 | 신국판 변형 | 336면

Let the Readers Understand!
읽는 자는 깨달을 찐저! [영문]
강순방 | 신국판 | 184면

The Book of Acts Reenacted
: Missions in Africa!
아프리카 선교 현장에서 사도행전이 재현되다! [영문]
신4.6판 | 60면 | 3,500원

외서 번역

그 발 앞에 엎디어
썬다 싱 | 신국판 변형 | 148면 | 6,000원

아주사 부흥—그 놀라운 간증
토미 웰첼 | 신국판 변형 | 250면 | 9,500원

가브리엘 천사를 만나다
롤랜드 벅 | 찰스 & 프랜시스 헌터 엮음 | 신국판
| 272면 | 11,000원

주여! 내 마음을 살피사
찰스 G. 피니 | 신국판 | 376면 | 8,500원

가브리엘 천사를 만난 사람
롤랜드 벅·샤론 화이트 | 신국판 | 246면 | 7,700원

마귀들에 대한 놀라운 계시
하워드 O. 피트만 | 이정옥 옮김 | 신국판 | 196면
| 12,000원

하나님
아빠 아버지!

발행일	2022년 2월 8일 초판 1쇄
지은이	변승우
발행인	변승우
발행처	도서출판 거룩한진주
주　소	서울 송파구 위례성대로22길 27-22 (우) 05655
전　화	02-586-3079
팩　스	02-523-3079
Website	http://www.belovedc.com
	http://cafe.daum.net/Bigchurch (B 대문자)
	http://www.youtube.com/user/gfctvmedia

ISBN 979-11-6890-000-4　03230

저작권자의 허락 없이 이 책의 일부 또는 전체를 무단 복제, 전재, 발췌하면
저작권법에 의해 처벌을 받습니다.